情爱有道

余惕君／著　任全翔／图

文匯出版社

爱是什么？
——代序

人生充满爱。无论你在哪，都得到情；无论你走多远，都走不出爱。

人生如果没有情，就如同天上没有太阳；人生没有爱，就如同春天没有鲜花。因为有情，人生才光明；因为有爱，人生才绚烂。

爱是人类永恒的主题。相爱同心，心心相印；春华秋实，月圆天心。人生有痛苦，也有欢乐，痛苦和欢乐往往出于情爱这同一源泉。大千世界，古往今来，上演过无数情爱的喜剧，感人间，柔情绵绵；又留下了多少情爱的悲剧，泣鬼神，悲悲戚戚……

爱是什么？难有确切答案。千人有千人爱的诠释，千人有千人爱的方式。正如有首歌所唱：这就是爱，糊里又糊涂，说也说不清楚。千江有水千江月，每个人心中都有自己的答案。爱是期盼，爱是思念；爱是本能，爱是欲望；爱是冲动，爱是感动；爱是牵挂，爱是浪漫；爱是热烈，爱是平淡；爱是眷恋，爱是依恋；爱是无私，爱是奉献；爱是痛苦，爱是甜蜜；爱是欲醉欲仙，爱是泪水涟涟；爱是花前月下，爱是两情相牵；爱是前世回眸，爱是今生相约；爱是不了之情，爱是难舍之缘；爱是生死相许，爱是无限永远……

尘缘苦短，情爱路长，天涯望尽仍苍茫；缘聚缘散，追月逐花，叹世人几番空忙。

人生如棋，清醒了方为高人；

情爱如梦，不迷离才是智者。

情爱有故事，也有事故；

情爱有道，也有技巧。

情爱有序，更有诸君亲手写下的动人篇章……

目录

I

谈情说爱

情为什么是谈？
谈：一个“言”，一个“炎”，火热的语言；
爱为什么是说？
说：一个“言”，一个“兑”，言语要兑现。

天各一方

天下，

既有有情人终成眷属，

也有有情人天各一方。

源头

最强烈的痛苦与最强烈的幸福，

往往出于同一个源头——情爱。

再现

失去至爱，

可说是失去了一切；

可说是缤纷在眼前再现。

怀念

两情若是久长时，岂在朝暮间；

相见时难别亦难，最美是怀念。

喜悦

成功的喜悦，源于失败的悲哀；

相聚的欢快，源于别离的伤感。

康复

在爱人身上造成创伤，
只需短短几秒，
康复它却需漫长时光。

距离

极目远眺，
天地相离，
距离，
有时产生美感，
有时产生误解。

牵挂

牵挂，不是过了就离的站，
牵挂，不是吸了就丢的烟。
牵挂，牵着扯不断的线，从昨天牵到明天；
牵挂，挂着不褪色的画，从天上直挂地下。

随喜随缘

香烟爱上火柴，
彼此燃烧伤害，
那是两厢情愿。
秋叶随风飘落，
不是树的绝情，
那叫随喜随缘。

内在美

外在的美，只抵眼睛，
内在的美，直达人心。

甜言蜜语

甜言蜜语常有，
爱情天长地久。

爱情

一棵娇贵的树，
砍掉它只要一时，
培植它需要一世。

情爱

不仅有甜蜜、温馨、浪漫、陶醉，
也会有受累、憔悴、受罪、崩溃……

白云

恩怨情爱世偏多，
仔细思量奈我何？
若将禅心过生活，
白云一任清风搂。

吃草

兔子可吃窝边草，
好马应吃回头草，
天涯处处有芳草。

享有

拥有的，并非就能享有，
享有的，并非一定拥有。
不在乎天长地久，
只在乎曾经享有。

傻

情话是傻话，
情书是傻言，
情人是傻瓜。

优缺点

总说你缺点的，
是真爱你的人；
只说你优点的，
是爱你钱的人。

美满

分享着各自的嗜好，
承担着对方的烦恼，
快乐着彼此的快乐，
幸福着共同的幸福。

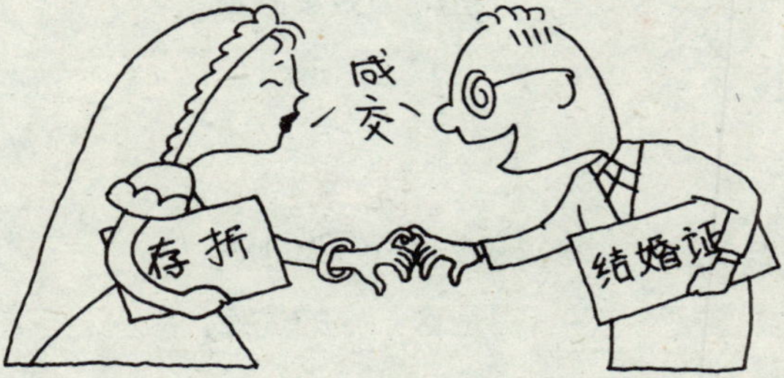

终成眷属

对有些人而言，
终成眷属，
不是"有情"，
而是"有钱"。

沙子

攥得越紧，

漏得越快，

也适用于男女情爱。

优点

能容忍另一半缺点，

正是这一半的优点。

痛快

床头吵架床尾和，

痛快：痛，很快。

情话

缸大不如泉，长流永不断；

情话不在多，贵在意绵绵。

不偿命

折腾死人不偿命，
除了是连篇谎话，
再就是满嘴甜言。

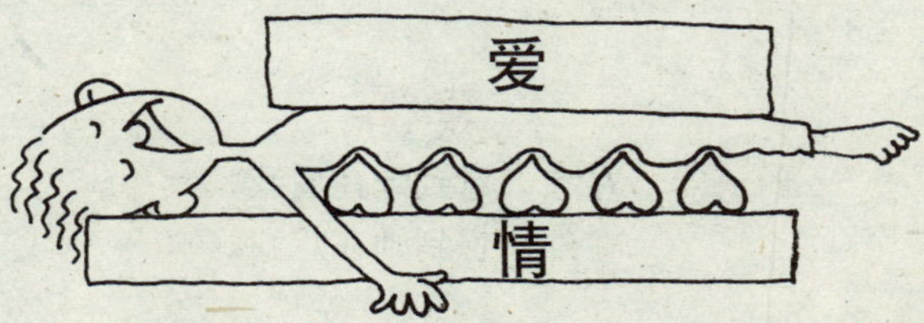

分手告白

——你喜欢我哪一点?

——喜欢你离我远一点。

保鲜

爱情如何保鲜?

时时犹如初见。

幸福

在家，看到她在看我，
在外，想到她在想我。

真爱

如同铁轨，千锤百炼;

望不到头，无限延绵……

情感

如同抱气球，
太松了就掉，
太紧了就爆。

玩

恋爱是“谈”，
要谈就要认真谈；
外遇是“玩”，
千万不要动真玩。

审美

如何避免审美疲劳？
始终保持初恋时的那第一眼，
想象临终分别时的最后一眼。

爱人

一个可以随时拥抱的身体，
一只可以随时倾诉的耳朵，
一颗可以随时放松的心灵。

诚实

优点：诚实；缺点：太诚实。
有时，太诚实和不诚实一样，
也会失去对方。

错爱

爱，没错，是错爱。

预期

给你动听的承诺，
给你美丽的预期，
用于促销，用于婚姻。

无理

深爱，说不出；

放弃，离不开；

明知没结果，还要向前迈……

——爱，无理可言。

甜蜜

相识是机遇，
相交是引力，
相知是默契，
相恋是甜蜜。

亲人

常告诉你月亮有多亮的，是情人；
常告诉你青菜有多贵的，是亲人。

本色

猴子穿上西装不会成为绅士，
驴子套上金鞍不会变成骏马，
——重要的，不是包装，是本色。

承诺

承诺与爱相伴，

爱没了，承诺安在？

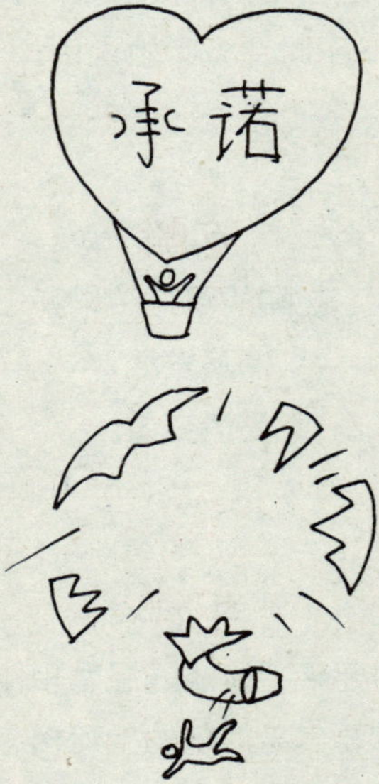

忠告

越是不想听她说话，
总是会听到你不想听的话，
为了听不到你不想听的话，
平时要多听她说话。

吃醋

吃醋的可能结果：
情感发酸，
爱情变质。

相伴

宁要平平淡淡的温馨相伴，
不要轰轰烈烈的生死相恋。

对象

买鞋子，

不求最贵，但求最配；

找对象，

不求最美，但求般配。

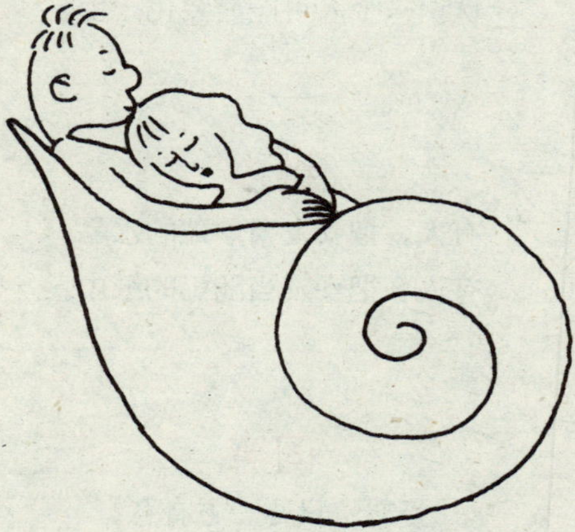

我和你

因为是“我的你”，所以百看不烦；
因为是“我爱你”，所以百听不厌。

认识

结识一个人可能只要一分钟，
认识一个人可能需要化一生。

纸巾

有人，把女友当珍藏的水晶；
有人，把女友当随扔的纸巾。

同意

爱恋，只要一方有意，
恋爱，需要双方愿意。

闪离

说来就来，
说去就去，
闪恋，闪婚，
闪婚，闪离。

爱情滋味

有点甜，有点咸，
吻含蜜，泪含盐。

容易

说爱很容易的，
往往很容易爱。

情话

心中有所牵挂，
才有绵绵情话。

情书

网络——通讯捷径；
情书——鸿雁传情。
进步的代价——
鼠标轻点，情书无影。

有时

有时，
　　爱情牺牲了，
　　生命唤醒了；
有时，
　　生命牺牲了，
　　爱情唤醒了。

伴

伴：人之半。

爱如长流水，

“伴”是快乐源。

两张皮

“言听计从”，“没有主见”；

“关怀体贴”，“疑神疑鬼”；

“忠厚老实”，“傻里傻气”；

“不拘小节”，“粗枝大叶”；

……

一张嘴，两张皮，

翻来覆去全有理。

药方

宽容、专注、关怀、拥抱

——专治爱情感冒。

错过

爱情路上，

最大的过错是错过。

情人

情人眼里，
既出西施，
也容不下沙子。

移情

多情而且移情，
为爱埋下陷阱。

恩爱

回忆甜蜜，忘却不快。

婚后

古时，看见新娘是在新婚时；
现时，看清新娘是在结婚后。

道理

恩爱时只谈感情，
离婚时只讲道理。

戏

爱情如做戏，
假戏若真做，
真戏便假做。

规则

一慢二看三通过，
红灯停，
绿灯行。
不仅适用于开车，
也适用于爱情。

找

找另一半，

有人只用了一小时，

也有人用了一辈子。

失恋

酸痛难忍，

难以自拔。

——失恋像牙痛。

胡话

热恋时胡话不断，

只因为高烧不退。

痛苦

或是爱上一个不爱你的人，

或是放弃一个你深爱的人。

性爱

从动心到心动，
从心动到行动。

随缘

爱，
随缘，不随便。

相信

任何事可相信，
绝不迷信。
——包括爱情。

遗憾

爱的遗憾，
莫过于：
爱的人不出现，
出现的人不爱。
你爱的，不爱你，
爱你的，你不爱。

理性

恋人因感性而浪漫，

夫妻因理性而永伴。

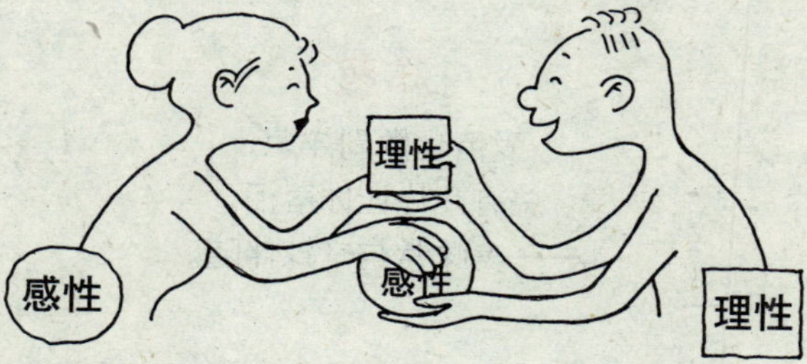

八分饱

七八分饱，
不仅指吃饭，
也适合情感，
越是爱，越易受伤害。

洋葱

爱情也像剥洋葱，
总有几片让你落泪。
——美味常与辛辣伴随。

2

红男绿女

绿叶衬红花，红男配绿女。
知否，知否，应是红肥绿瘦。

可爱

电和闪电之区别：

前者永恒，后者短暂。

恰如女人：

因美丽而可爱，那是暂时；

因可爱而美丽，那是长久。

资深美女

资深美女——

对已不年轻的半老徐娘的一种礼貌性称谓；

很有品位——

对相貌并不出众的女人的一种礼节性赞美。

伤害

女人失去爱，易伤害人，

女人得到爱，易受伤害。

细节

婚前，女人的情感被细节所折磨；

婚后，婚姻被女人在细节中折磨。

面具

女人：

戴上面具是感性，

摘下面具是性感。

性

男人，透过性，才能敞开心；

女人，透过心，才能敞开性。

天使与魔鬼

人半是天使，半是魔鬼。

男人的一半是女人，

女人的一半是男人。

因此，

男人说：男人是天使，女人是魔鬼；

女人说：女人是天使，男人是魔鬼。

鱼饵

男人婚后为什么不给老婆送花?

鱼儿上钩后就不用再喂饵给它。

疼

女人让男人心疼——恋爱时，
女人让男人头疼——结婚后。

朝与暮

朝思暮想的，往往是女人，
朝秦暮楚的，往往是男人。

装糊涂

糊涂的女人，装聪明；
聪明的女人，装糊涂。

希望

女人对男人的希望——
少浪费、不浪荡、能浪漫。

成功

成功的男人：能让女人开心，

成功的女人：找到这样一个男人。

俏

若要甜，
加点盐。
若要俏，
“好男”像女，
“超女”如男。

俘获

俘获男人的心，先要俘获他的胃；
俘获女人的胃，先要俘获她的心。

随便

不发火的男人，
发起火来吓死人；
不随便的女人，
随便起来不像人。

头大与胸大

男人头大，

因为他们满脑都是事业；

女人胸大，

因为她们满腔都是慈爱。

男人头大，

因为他们喜欢把问题放在脑里；

女人胸大，

因为她们喜欢把问题放在心里。

虚荣

女人爱虚荣，
大不了多用一些金银；
男人爱虚荣，
可能会牺牲一生光阴。

前言

一个好女人，
如一本耐看的书，
漂亮脸蛋是前言。

包装

女人的兴趣在打扮，
男人的兴趣在名声。
打动女人芳心，用服饰；
赢得男人欢心，用恭维。

爱情之路

爱情之路——

女人希望精彩不断，

男人想着一步到站。

看不清

当女人泪眼迷离之时，

看不清的往往是男人。

感性与理性

男人，重理性，

女人，重感性。

成功的人，既重感性，也重理性。

衷老

化妆品的消耗程度，

可测女人的衷老程度。

崇拜

女人喜欢她崇拜的男人，

男人喜欢崇拜他的女人。

争论

夫妻争论一般律：

以老婆的最后一句话结尾。

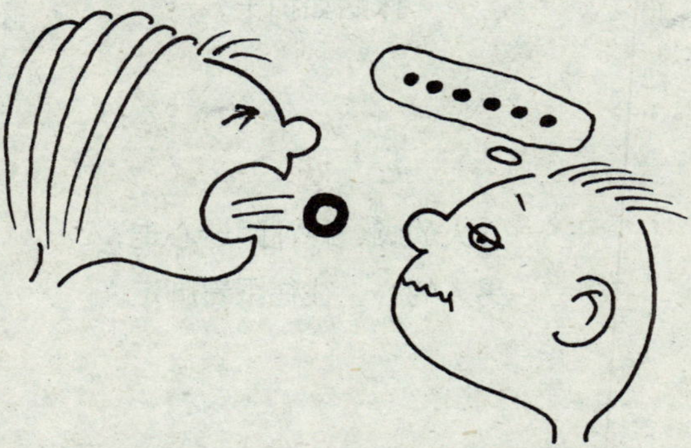

好丈夫

出门如绅士，

理财如谋士，

育子如博士，

体贴如护士。

脚

女人的脚，往往跟着心走，

男人的心，往往跟着脚走。

两难

选择爱我的人，

还是寻找我爱的人，

若两者选一，

选择前者，一般是女人，

选择后者，一般是男人。

男人的嘴

女人说：男人的话靠得住，猪也会爬树；

又说：宁愿相信世上有鬼，不要相信男人的嘴。

遗憾的是，

女人总用耳朵恋爱，

偏偏在乎男人的嘴。

傻

恋爱往往使人变傻，

男人是装傻，女人是真傻。

不一定

温柔的女人不一定美，

威猛的男人不一定伟。

三养

女人美丽靠“三养”：

营养、保养、修养。

男女之比

女人比男人有深度——在爱情上，

男人比女人有广度——在事业上。

聪明

聪明的男人，
能让女人觉得他聪明；
更聪明的男人，
能让女人觉得没她聪明。

生气

女人真生气，因为不满意；
女人假生气，为了增加吸引力。

好男人

太太心中的好丈夫，
儿女心中的好父亲，
父母心中的好孩子。

悲喜剧

男人有钱，女人有貌，
可成喜剧，可成悲剧。

奢望

男人对女人的奢望——
如包子内涵丰富，
如匹萨外表光鲜。

吃着与看着

吃着嘴里的，

看着碗里的，

——不仅仅是食物。

忧与茫

男为财死，
常为物质匮乏而忧；
女为情伤，
常为感情失落而茫。

难

男人观赌不下注，
女人逛街不购物。

潜力

聪明的女人，
看男人眼前实力；
智慧的女人，
看男人长远潜力。

小男人

敢于把自己说小的，往往是大丈夫，

敢于把自己说大的，往往是小男人。

女人味

女人的美貌是画，
女人的气质是诗，
女人味是诗配画。

反比

养二奶的男人越多，
养奶奶的男人越少；
爱财的女人越多，
爱才的女人越少。

精彩

商场的精彩，
源于商品的丰富，
与女人狂热的爱。

区别

男人希望感到被爱，
女人希望听到被爱。

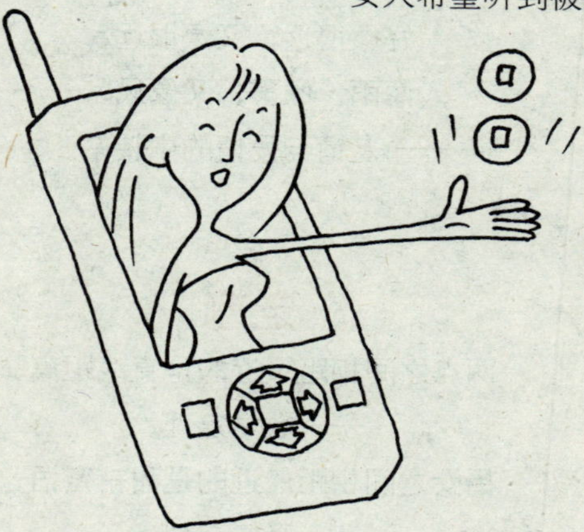

暧昧

似有感觉，又感无奈，
似在左顾，又在右盼，
好像很近，又像很远，
像雨、像雾、又像风，
——友情与爱情的中转站。

定理

两点之间相距最近的是直线距离，
——数学定理。
男女之间相距最近的是甜言蜜语，
——爱情定理。

神秘

魄力，来自深沉，包括大海，包括男人；
神秘，来自朦胧，包括迷雾，包括女人。

好妻子

家务，不撒手；

有事，不撒气；

争吵，不撒野；

轻易，不撒娇。

女友

女友如瓷器，

轻拿轻放，

切勿倒置。

反话

“讨厌”其实是“喜欢”，

“不理你”就是“很想你”，

“你真坏”是让你“继续坏”，

听话听反话，不会当傻瓜。

受伤

受伤只因后放手，
——不仅仅是拉皮筋。

忠告

树林里有许多树，不要沉湎一棵树；
树林里有许多树，千万不要迷了路。

爱

男人用眼，易被外貌迷惑；
女人用心，易被情感伤害。

三角形

是最稳固的几何图形，
是最脆弱的男女恋情。

黄金

男人希望女人视黄金如粪土，
女人希望男人把粪土变黄金。

啰嗦

男人嫌女人唠叨，
女人从不嫌男人啰嗦，
尤其是——“你真美”！
最好是——“随便刷”！

两种爱

女人两种爱，
恋爱加母爱，
婚前谈恋爱，
育后尽母爱。
恋爱一阵子，
母爱一辈子。

免疫力

女人，
对事物发展生来具有洞察力，
对花言巧语天生缺乏免疫力。

纸

过去，女追男，隔层纸；

现在，女追男，只为纸。

吸引

女人吸引男人，
与其改变发型，
不如温柔多情。

赞赏

男人若要得到女人欣赏，
要常对女人外貌表示赞赏。

高手

“找”，提手旁，
“找”对象，用手；
“谈”，言字旁，
“谈”恋爱，用嘴；
“搞”，提手旁，一个“高”，
“搞”女人，高手。

3

情爱多彩

尘缘苦短，情爱路长。
望断天涯，大漠苍茫。

痛苦

人之所以痛苦，

或是因为追求得不到的东西，

或是因为爱上了不该爱的人。

缘

无缘：走近的还会远去；

有缘：远去的还会走近。

自在

爱与被爱都幸福，

前提是：

付出者毫无所求，接受者毫不贪恋，

爱得无烦恼，彼此都自在。

需要

爱的最大需要是被需要。

爱

有些爱，是记忆，记忆可以忘却；
有些爱，是烙印，烙印无法抹去。

两只眼睛

人长两只眼睛是因为：
有时要睁大两只眼，譬如结婚前；
有时要睁一眼闭一眼，譬如结婚后。

行动

爱是心动的感觉，
更是行动的能力。

QQ 爱

爱谁？糊里又糊涂；
爱啥？说也说不清楚。

下雨

天空会下雨，那是肯定；

雨终会停歇，那是绝对。

——何止是下雨？！

残缺

哈姆雷特、维纳斯、圆明园……

残缺，动人心弦。

不倒翁

不倒翁左右逢源，

不因常保持笑脸，

而因掌握重心所在。

自重

若不自重，无法让别人看重。

真心换爱

用钱去谈爱，难以有真爱；

用钱买的爱，转身也能卖；

真心换的爱，千金也不卖。

平淡

灯，有亮有灭，

潮，有涨有退，

花，有开有谢，

日，有升有落。

所有的平淡都能变成激情，

所有的激情都将归于平淡。

相由心生

境由心造，心静，境就静；

相由心生，心美，人就美。

主业

确立主业前，

企业应比较论证，多元选择；

确立主业后，

应拒绝诱惑，高度专注。

——男女情爱大体也是如此。

放手

爱不成，则生恨，那是爱的毁灭；
爱不成，则放手，转身才有真爱。

爱情之苗

种子不是大树，

爱情之苗需精心养护。

吃醋

动怒是因为在乎，

喜欢才会吃醋。

失恋

真懂人生者，须经失意；

真懂爱情者，须经失恋。

依恋

浪漫，爱情的早期形态；

热恋，爱情的颠峰时态；

依恋，爱情的持久状态。

爱

爱，需要激情，更要智慧。

不要被爱折磨，更不要折磨爱。

调情

当众调情是幽默，
单独调情是诱惑，
适时适所是艺术，
无所用心是快活。

性爱

性之事，以欲点题，
快乐犹如昙花一现；
以爱点题，幸福持续不断。

彩旗

外有彩旗飘飘，
家里红旗不倒。
是因为：
彩旗、红旗各自飘。
若插同条道，不是彩旗歪，就是红旗倒。

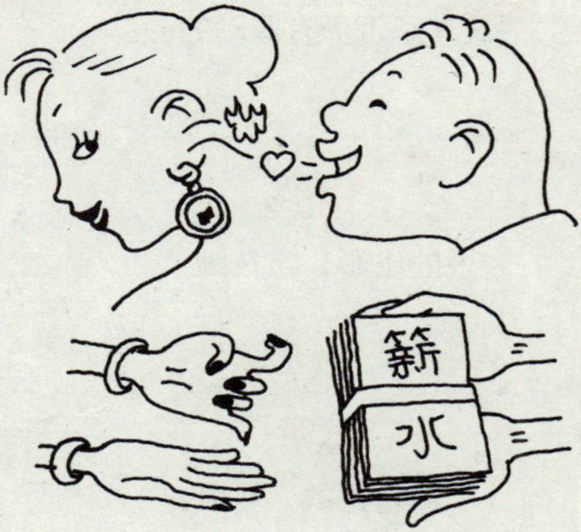

谈情说爱

情为什么是“谈”？

爱为什么是“说”？

因为：

谈，“言”与“炎”，情只需火热的语言；

说，“言”与“兑”，爱需用实物去兑现。

驿动的心

衡量一个人是否还年轻，

看其是否仍有驿动的心。

出彩

爱的出彩，常在细节。

区别

愿付出的，是爱；

想占有的，是欲。

心，是爱；体，是欲。

区别

老婆如交流电，交流才有电；

情人如直流电，不充就没电。

老婆如电视机，随时可开机；

情人如同手机，欠费就停机。

爱情悲剧

真情对真情——喜剧，

假意对假意——闹剧，

真情对假意——悲剧。

四十而惑

古语：四十不惑，

如今：四十而惑。

因为：基础具备，

已有功名利禄。

心态

用恋爱时的心态欣赏他的优点，

用兄长般的心态宽容她的缺点，

婚姻的幸福就会多一点。

终生朋友

成为朋友，

常是因为做相同的事；

成为终生朋友，

常是因为做互补的事。

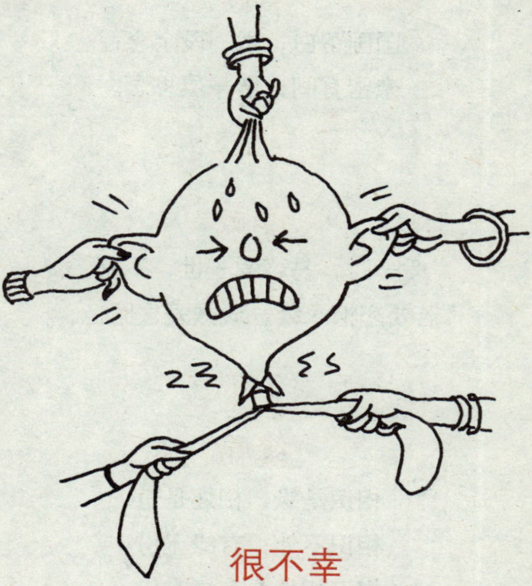

很不幸

没有女人爱，不幸；

很多女人爱，很不幸！

留白

国画留白，添一段余念；

亲密有间，增一层思念。

珍藏

爱一时，易；爱一世，不易。

若要恋情永续，珍藏爱之回忆。

缘份

相识是缘，相处是份；

相识不处，有缘无份；

相识相处，有缘有份。

事故

出轨翻车，坠入爱河，外遇就是事故。

事故

古时，爱情有诸多故事，

现时，爱情有诸多事故。

吸烟

外遇如吸烟，欲醉欲仙；
烫手惊醒时，灰飞烟灭。

八二原则

约会前百分之八十渴望，
约会后百分之八十失望，
百分之八十的青春男女，
憧憬百分之二十的希望。

起步

有人认为，
没看见是美丽，没得到是珍贵；
有人认为，
美丽是已看见，珍贵是已得到。
痛苦与幸福——由此分道。

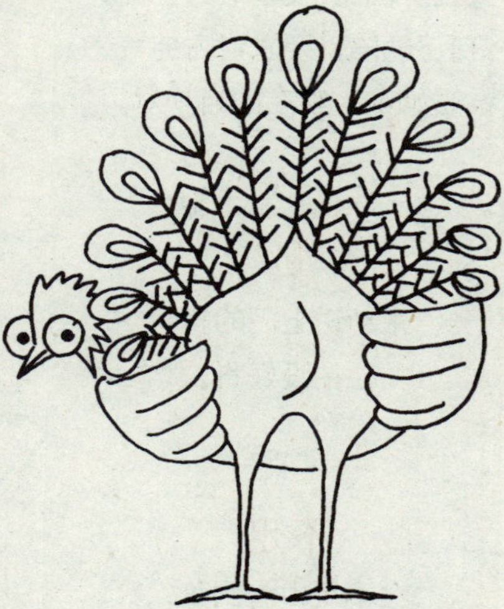

孔雀

孔雀开屏，

也露出屁股。

——炫耀，亦现丑态。

门当户对

自己片面，要求对方全面，

自己缺陷，要求对方完美。

婚姻难，难在门当户对。

货

主动送上门的货，

往往没好货。

不足

在不足中看到美，

在美中看到不足，

适用于：爱情、生活、工作……

恋爱

若把恋爱当练爱，恋爱也就成烂爱。

撒谎

一旦撒了一次谎，
需要努力记住已说过的谎，
更需持续不断地说谎以圆谎。

美丑

什么叫美？喜欢叫美；

什么叫丑？讨厌叫丑。

视归如死

婚前，视死如归，

婚后，视归如死。

——爱恋容易，相处不易。

坟墓

有人说，婚姻是爱情的坟墓，

可以断定，从一开始这就不是真爱。

茶

爱情也像茶，

会苦一阵子，越喝越有味。

短命

啤酒的泡沫，
一现的昙花，
网上的爱情，
兔子的尾巴。

自由

如果你希望自由，
就先给对方自由。

主义

少女，理想主义；
恋爱，浪漫主义；
婚后，现实主义。

梦

不怕同床异梦，
只怕梦境难以告诉老公。

痛苦

痛苦是由于得不到，
更痛苦是由于得到又丢掉，
最痛苦莫过于丢掉才知道有多重要。

开口

不要爱你在心口难开，
抓住机会喊出来。

勿拖

好事不拖，拖久不好。

适用于结婚，也适用于离婚。

爱与恨

水与火怎相容？

爱与恨怎交织？

爱时，恨无影；恨时，爱无踪。

盛

杯盛水，眼盛色，心盛情。

控制

任何你想控制的，也会控制你，

不仅仅是权力、金钱，也包括情感。

有时候

有时候，
执着是快乐，放弃是痛苦；
有时候，
执着是痛苦，放弃是快乐。

情诗

不是写在过去，
不是写在未来，
写于每一个现在，
把幸福人生写满。

拥抱

两颗心贴紧时，
往往看不见对方的脸。

理想

爱情生活的理想，
就是为了理想的爱情生活。

哭

值得你为他哭的人，
就是总让你笑的人。

来去

去了又来，
天上的云，
人间的情；
来了又去，
袋里的钱，
恋人的心。

拔河

一个人突然松手，

另一个人会跌倒，

爱情呢？

欣赏

不求拥有，只是观望。

不仅适用于文物参观，

也适用于婚后对美女的欣赏。

真爱

富贵难生爱，贫穷难摧爱，

贫富两相安，日久见真爱。

后半生

女人再美丽，其后半生，也须依靠上半身。

努力

爱上一个人靠际遇，

持续爱一个人靠努力。

出轨

出轨如同出天花，

一旦治愈，便有免疫力。

一山二虎

一山不能容二虎，

因为：不是一公和一母。

冒险

旧爱之可厌，是因为不足已全部看见；

新欢之可爱，是因为缺点还未曾发现。

图新欢，弃旧爱，其实也是一场冒险。

区别

痴心与花心的区别，

前者：一生爱一个人；

后者：一次爱一个人。

看清

尽管泪眼朦胧看不清，

靠在谁的胸膛哭泣可要清醒。

对不起

爱情路上，

不是每一句“对不起”，

都能换回“没关系”。

失去

离你而去者，

不是你失去了他，而是他失去了你。

4

心怀仁爱

一滴水怎样才能不干？
——放入大海。
一段情怎样才能不竭？
——融入大爱。

爱能止恨

恨不止恨，爱能止恨，

仁爱抚平伤痕。

说

对朋友：

真话不一定全说，假话一定不说。

虚情

包装精美，华而不实，

虚情假意，友谊稀释。

感恩

感恩——快乐之根，

慈悲——善良之源。

朋友

真朋友，困难时不用开口；

假朋友，开口也是白开口。

心念

青山原不动，
白云任去来，
是苦还是甜，
全在于心念。

放下烦恼

放下烦恼，其实简单，
角度一转，豁然洞开。
横看成岭，侧看成峰，
以心转境，欢喜平安。

爱语

用善的目光，
说爱的语言。
你就能发现：
人更美、水更清、天更蓝。

真情

没经过深思的话，是真话；

不考虑私利的情，是真情。

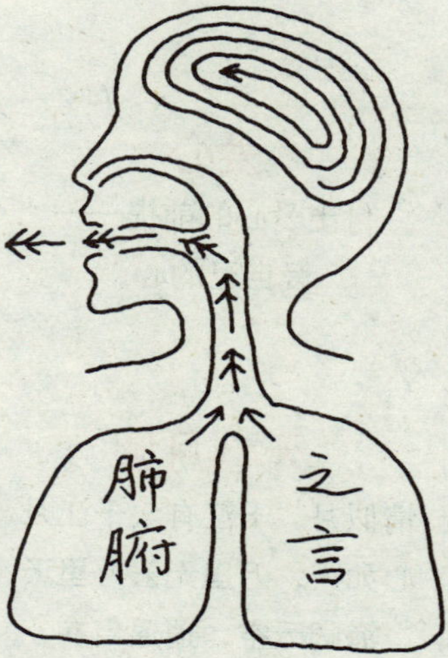

友

学生有学友，工人有工友，
农民有农友，军人有战友，
打牌有牌友，跳舞有舞友，
吃茶有茶友，喝酒有酒友，
斗胆问一声，有没有“官友”？

爱心

付出爱心的前提——
爱自己的心。

天心月圆

情似月，千江有水千江月，
心如天，万里无云万里天，
海阔天空，逍遥自在，
美满人生，天心月圆。

保持

保持一张年轻的脸，
——不切实的梦想；
保持一颗年轻的心，
——能实现的理想。

感恩

是对已拥有的珍惜，

是对已获得的感叹。

是人性高贵的显现，

是心灵温暖的震颤。

慈悲喜舍

慈：时时拥有仁爱心，

悲：时时怀着同情心，

喜：时时生出欢喜心，

舍：时时显现分享心。

关心

见面都问“忙不忙”？

“忙”：“心”“亡”，

人家问的不是事，而是在“关心”，

——关照你的“心”。

童心

活到老，学到老，
学什么，就学“小”。
保持纯真童心，
人生最大法宝。

脉动

世界脉动，源于人心。

关爱

没有营养，人会生病；
没有关爱，社会生病。

一本“正”经

如果找到爱的一本“正”经，
家家都不再会有“难念的经”。

缘

师不论久，得一时，可益一世；
友不在多，得一人，可逾千人；
爱不择时，得一缘，无憾一生。

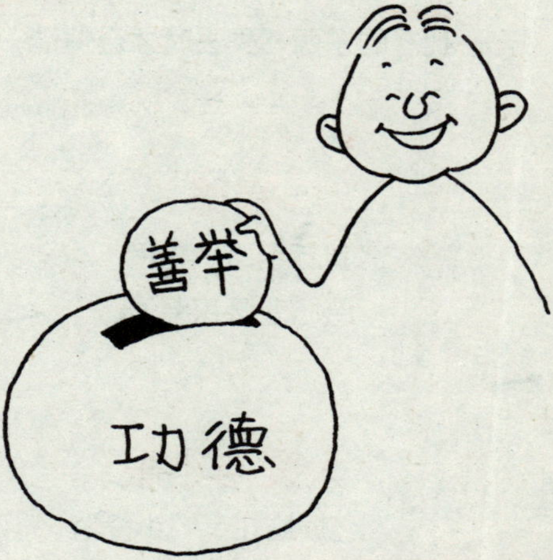

修养与善举

多一份修养，
除一份烦恼；
行一份善举，
积一份功德。

惋惜

平常的美丽，平常时体会不到；
拥有的东西，失去时才会惋惜。

福德

和颜柔语育善根，
慈心悲愿积福德。

大爱与小爱

人之烦恼在于“小爱”，
嗔慢我执，无病呻吟，
人之欢乐在于“大爱”，
心胸开阔，法喜充盈。

泪

有时没水值钱，只为小情，只为私利。
有时比金还贵，只为大爱，只为慈悲。

微笑

世界通用的语言，
人生旅途的护照。

博爱

比情爱大的是友爱，

比友爱大的是博爱。

游戏

人生不能没有游戏，

但万不可游戏人生。

身轻喜安

为何“团团转”，因为绳未断，

舍得又放下，身轻且喜安。

自爱

过于自爱，一无所为，

不懂自爱，无所不为。

发现

眼睛只是看见，

用心才能发现。

收不回

世上有三件东西收不回：

射出去的箭、失去的机会、说出去的话……

自残

有意地接受别人无心的伤害

——也是一种自残。

绝交

今天因无利可图而与你绝交者，

正是昨天因有利可图而与你结交者。

和而不同

七彩调和绘美景，五音调和谱佳音，

存而不争谋和谐，和而不同天下平。

朋友

路遥知马力，

危难见真情。

得意时，朋友认识你；

落难时，你认识朋友。

助人为乐

舒：舍和予。

只要能舍，烦恼则自消；

只要肯予，心灵便轻安。

帮助别人，快乐了自己。

记牢

你帮助过谁，不必记牢，

谁帮助过你，一定牢记。

厚道

患难时关心你的朋友多与少，

取决于你平日为人的薄情与厚道。

乐哉乐哉

一笑气就消，善哉善哉；

一忍祸就除，快哉快哉；

一舍福就得，乐哉乐哉。

寂寞

天下没有不散的宴席，

狂欢之后，寂寞受孕……

异同

世上万物，异多同少。

同中有异，异中求同，

方为智慧之选、快乐之道。

舌头

如何留住你的朋友？

——管住你的舌头。

佛心

佛心生仁爱，佛心看人，人人可爱；

疑心生暗鬼，疑心观人，人人是鬼。

处处无我

放下小我，

融入大我，

慈悲喜舍，

处处无我。

含而不露

直言不讳，往往事与愿违；

含而不露，往往显山显水。

说话

宁愿不说话，不要说假话；
宁说大白话，不说违心话。

乐

让自己乐，那是美德，
让别人乐，那是积德，
让众生乐，那是功德。
大爱无疆，功德无量。

计较

当你不计较别人的爱，
你就得到许多人的爱。

童心

每天当“六一”，半百当十七，
童心永不变，生活甜如蜜。

挫折

失学、失业、失意、失恋……

或是生命转折的关键。

冷静

热情能使你得到朋友，

冷静能使你保持朋友。

孩子

有时，孩子教给大人的，

远多于大人教给孩子的。

给予

情淡时是索取，

情浓时是给予。

衣柜

把不合适的衣服清出衣柜，

才能将新的衣服放入衣柜。

——交友，也是如此。

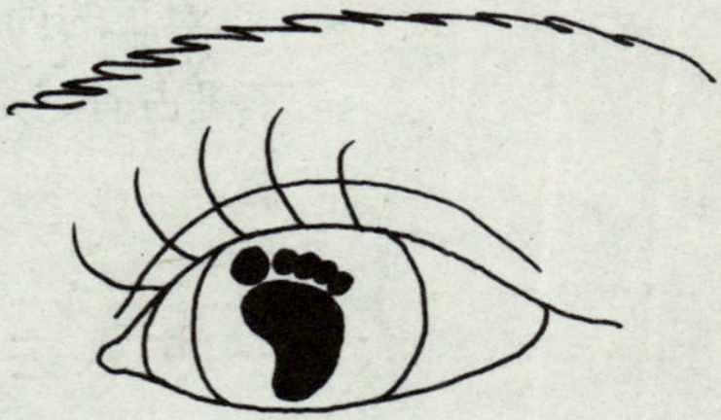

关爱

行走天下，

始于足下；

关爱大家，

始于小家。

享有

真正的拥有，

不是占有，是享有。

助人为乐

以助人为乐，

行善便自在。

握手

或是友好的表示，

或是争斗的开始。

思

“思”者：心田。

种瓜得瓜，种豆得豆，

善念播种好运。

大爱

一滴水怎样才能不干？

——放进大海；

一段情怎么才能不竭？

——融入大爱。

随缘

既不执着于所喜，
也不困扰于所厌。

常怀感恩

常怀感恩，便乘上快乐幸福的航船；
常怀感恩，便获得极乐世界的国籍。

情

情：竖心旁，一个“青”，青年的心。
延缓衰老的秘诀，用心拥抱青春。

弓

把子女弹射出去，
自己才松弛下来，
母亲就像一张弓。

孝子

何为“孝子”？
古时，儿子孝顺老子，
老子养天年，儿子在拼命；
现时，老子孝顺儿子，
儿子只玩耍，老子在玩命。

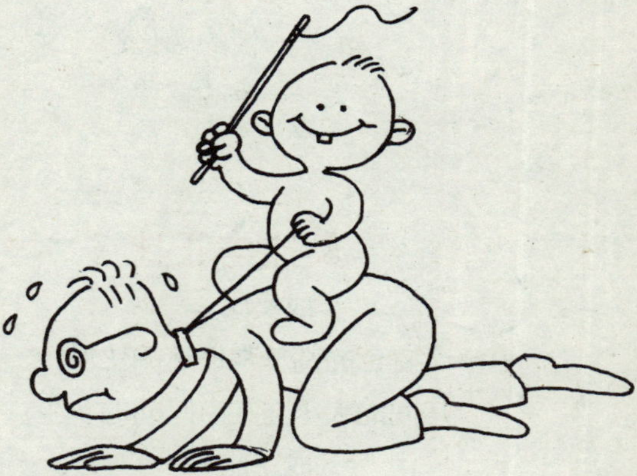

胡杨

活着三千年不死，
死后三千年不倒，
倒下三千年不枯，
与此媲美，惟有仁爱！

发芽

泪——情的融化；
笑——爱的发芽。

反比与正比

成反比——
官位的高低与语速的快慢，
房间的大小与在家时间的多少。
成正比——
爱的深度与等待的长度，
快乐的程度与获取的难度。

放弃

因为无知，不放弃该放弃的；
因为无能，放弃不该放弃的。

释怀

随缘生活，随遇而安，
随喜而行，随心而往，
凡事坦然，自然释怀。

屈伸

能忍一时气，
可保百年身。
回旋余地大，
只因能屈伸。

容易

“逆来顺受”，
既是豁达的心态，
也是明智的策略。
因“容”而“易”，
谓之“容易”。

良药

治疗失恋，

工作是良药。

朋友

朋友像文物，
越老越珍贵；
朋友像好酒，
越陈越有味。

真忍

忍，无可忍，才是真忍。

幸福

常为别人谋福，
就会常常幸福。

优点

常常发现自己的缺点，
正是自己真正的优点。

注视

婚前，要常互相凝视，

婚后，要向同一方向注视。

舍得

舍有形有限之物，
得无形无限之乐。

开车

开车，不怕慢，只怕停；
人生，不怕慢，只怕站。

乐观

从烦心事中，看出光彩，
从缺点中，看到可爱。
乐观——乐又见。

真高兴

何为“真高兴”？
——真以别人的高兴为高兴。

纯度

泡茶靠温度，
挖井靠深度，
思维靠广度，
友谊靠纯度。

品人

品酒知酒品，
品人知人品。

放低自己

缩小自己，会发现爱的真谛，
放低自己，能赢得真的友谊。

爱笑

爱笑者，
笑会给她带来爱。

快乐

金钱的快乐不在占有，在享有；
爱情的快乐不在索取，在奉献。

生命

生命，
不是时针的转动而已，
在于你的每一次呼吸。

平衡

爱的平衡，源于两颗重量相同的心。

心动

感动从感恩来，行动从心动来。

珍惜

最好的态度，
不是挽留，是珍惜，
适用于生命，适用于友情。

感恩

摄影，用照片留住美景；

感恩，把深情定格心灵。

呼吸间

痛快，痛得快，

快乐，乐得快。

人生苦短，只在呼吸间。

计算

朋友间，

可计算，不可算计。

包容

生活中总有对与不对，

以开放的心胸包容不对——那才对。

5

婚姻秘笺

感恩、关怀加宽容，
友情、亲情加爱情。

唠叨

一句句情的绵绵絮语，
一首首爱的动听乐曲，
而且只唱给一个人听，直到天荒地老。

云

两朵云在同一高度相遇，才能成雨。

真爱

时时相见，刻刻不厌，
面容渐老，情感不减。
唠叨与关怀同声，平淡与热恋难解。

左手和右手

握住老婆的手，就如左手握右手，
左右手，永不离， 一辈子，长相守。

金婚

八旬老人之爱情感言：

什么叫爱？

——忍、一忍再忍；

什么叫金婚？

——五十年不换人。

哎

爱的路上有“哎”，

走得过，有长爱；走不过，走向哀。

家庭幸福秘诀

把老婆当情人，

把孩子当朋友，

把家庭当公园，

把家务当跳舞。

吵架

夫妻吵架，

不是为钱，就是为醋。

良方

不要试图改造对方

——婚姻美满的良方。

白头偕老

白头偕老的秘诀——别为小事计较。

好婚姻

有弹性，有韧性，
放得开，扯不断。

检验

恋故怀旧还是喜新厌旧，
能检验婚姻质量的劣优。

改变

婚后，
女人希望男人有所改变，但男人总不改变；
男人希望女人不要改变，但女人总是在变。

美人鱼

婚前，美人鱼，
婚后，莫成红烧鱼，要做红烧美人鱼。

贤妻

家有一老，如有一宝，
家有贤妻，万事如意。

家

爱情与爱情相聚，
渴望与渴望相遇。

家务事

多做——错！会有很多指责。
不做——懒！只有一个埋怨。

理解

女人若要和一个男人终身相伴，

必须多多理解他；

男人若要和一个女人终身相伴，

千万不要试图理解她。

婚

婚："女"与"昏"。

一见钟情，

二见倾心，

三见眩晕，

终而发昏。

体谅

要了解，也要开解，

要道谢，也要道歉，

要认清，也要认错，

要体贴，也要体谅。

共担

快乐，两个人分享，成了两个；

痛苦，两个人共担，成了一半。

好男人宣言

老婆的话不一定对，

不听老婆的话肯定不对。

珍惜

曾经拥有的，不忘记；
属于自己的，不放弃；
已经得到的，要珍惜。

思念

是不期而遇的思绪，
是挥之不去的缠绕。
是远隔千山仍能感觉到的心跳，
是远隔万水仍能感受到的味道。
是一颗心对另一颗心的关注，
是一颗心对另一颗心的祈祷。

送清凉

家人关爱，不仅是送温暖，
脑袋发热时，也应送清凉。

忠告

浮世多沉沦，
抱紧身边人。

一只碗叮当

婚姻殿堂，
建造它，需要两人；
毁了它，只需一人。
一只碗也会叮当，
——当它自个摔向地上。

忍

有理莫与无理争，
心平气和才是真，
能忍难忍万事成，
无不可忍乐终生。

跳舞

你进一步，我退一步，
我进二步，你退二步，
——夫妻和谐如跳舞。

亲密有间

亲密不能无间，
有间才能亲密。

知己

人生得一知己难，
最难恰是另一半。

吻

出门抱一抱，一天对你好；
进门一个吻，一天有人疼。

新生

婚前，恋人；
婚后，亲人。
婚姻，
不是爱情的坟墓，
而是爱情的新生。

桔子

婚姻也像桔子，
有大有小，有酸有甜，
宁要小的甜桔子，不要大的酸桔子。

丈夫三等

一等丈夫，帮助太太料理家务；
二等丈夫，读书看报："太太辛苦"；
三等丈夫，我行我素全然不顾。

伴侣

人生旅途中，

伴侣是伴旅，

切忌成“绊旅”。

说话

婚前，女人喜欢听男人说话；

婚后，女人喜欢男人听她说话。

婚姻

可以是项链，

可以是锁链。

破裂

婚姻的破裂常因为：

只愿和对方的优点生活，

不愿和对方的缺点共处。

婚前婚后

婚前亲嘴多于斗嘴；婚后斗嘴多于亲嘴。

婚前常常发誓；婚后常常发火。

婚前男人为女人办事；婚后女人为男人做事。

婚前没话找话，谎话也成情话；

婚后相对无话，情话也成废话。

婚前男人怕女人不吃醋；婚后男人就怕女人吃醋。

婚前女人的拿手好戏：撒娇；婚后男人的拿手好戏：撒谎。

柱子

两根独立的柱子，

支撑起同一个屋顶。

这，就是家庭。

贤妻

做“贤”妻，

不做“闲”妻，

更不做“嫌”妻。

指点

婚后，可指点，不可指指点点。

妥协

婚姻是一所学校，

重要的一课是妥协。

大本营

恋情、激情、亲情、恩情
——幸福婚姻大本营。

尊重

尊重女性的程度，
取决于学问、知识、文明的程度。

一生

女人的一生，
从上一个家到下一个家，
从小娘*、新娘到老娘。

（*宁波人对女孩子的称呼）

抵制

婚前，要忍受孤独；婚后，要抵制诱惑。

水

爱情如同一杯水，
热恋时是开水、糖水，
结婚后是温水、茶水。

土地

婚姻不是天空，
而是坚实土地。

相似

幸福的家庭都相同，
——爱情与亲情相融。

诀窍

看见对方优点，把眼睛瞪大；
看见对方缺点，把眼睛眯小。
——夫妻和睦的诀窍。

心房

美满家庭，
既靠住房，
更靠心房，
屋畅不如心畅。

远征

爱情不怕远征难，
白头偕老尽开颜。

原因

造成婚姻的不幸，
有成百上千个原因；
造就幸福的婚姻，
并非单独一个原因。

不同

婚前，关心的常是感情；
婚后，关注的常是事情。
婚前，议论的是大问题；
婚后，讨论的是小问题。

三步曲

先轻声细语，
再高声粗语，
后无声无语。
出现于酒宴，
也出现于某些婚姻。

长久

不强求，爱才自由；
不奢求，爱就长久。

幸福

事业与兴趣一致，
爱情与婚姻一致。

调味品

雨中散步、
月下谈心……
——美满婚姻的调味品。

处事

家庭生活是琐事，
别把小事不当事，
千里长堤溃于蚁，
谨防小事坏大事。

反串

是兄妹，是姐弟，
是父女，是母子，
各种角色反串，方为和谐夫妻。

家

有形的是：墙和屋顶；
无形的是：情和爱心。

婆媳

明日的婆，今天的媳，
今天的婆，昨日的媳。
煮豆燃豆萁，相煎何太急？！

完美

婚姻的完美，
往往源于生活中常有的小小不完美。

沉默

不怕相互埋怨，

只怕相对无言，

沉默——狂风暴雨的前夜。

高明

重要的不是拿到好牌，

而是适时适所地出牌。

——也包括恋情、婚姻。

花心

喜新厌旧——负心，

喜新不厌旧——花心。

天使

婚前，女人是天使；

婚后，男人成天使。

——天天都被使。

喜欢

要长久地得到太太欢喜，

便要时时对她表示喜欢。

股票

婚姻也像股票，
有人高开低走，
有人低开高走，
有人适时清仓，
有人一生相守。

观赏

可驻足观赏，
不可安营。
不仅在公园，
也适用于婚后。

筷子

成双成对，终生相随；
相互协力，不弃不离；
适度距离，终生搭配。

新娘

新郎就是新儿郎，
老公当作儿子养，
新娘也是新的娘。

悲剧

婚姻的悲剧，
或是没得到想要的，
或是得到不想要的。

深爱

快乐着你的快乐，是爱，
痛苦着你的痛苦，是深爱。

误区

孩子是自家的好，老婆是别人的好。

婚姻（一）

是轰轰烈烈的誓言，

更是实实在在的表现；

是柔情蜜意的缠绵，

更是平淡无奇的细节。

婚姻（二）

不能冲动，要慎重，

日后要长久忍受彼此不同。

情景剧

蜜月期："吃饭饭"、"睡觉觉"，

一年后："吃饭"、"睡觉"，

几年后："吃什么饭"？"睡什么觉"？

幸福

事业与兴趣一致，

爱情与婚姻一致。

限制

爱上这朵花，

也就是拒绝别的花。

发现

从对方身上发现什么，

取决于自己拥有什么。

三陪

夫妻恩爱靠“三陪”

——陪吃、陪逛、陪聊。

没话

夫妻间最怕吵架，

比吵架更可怕的是没话。

影子

伴侣如影，终生相随，
有时前引，有时后随。

情调

婚后调情——夫妻情调。

好感

赢得太太的好感，
说，她喜欢听的，
听，她喜欢说的。

好话

若要老婆不说你坏话，
就要常常对她说好话。

糖水

亲情如水爱如糖，
糖入水中成糖水，
哪是亲情哪是爱？
哪是砂糖哪是水？

冷

婚前，女友说“冷”，
男友立马把自己衣服给她披上；
婚后，老婆说“冷”，
老公说，傻呀，你就不会再穿件衣裳。

关心

幸福的婚姻，关心的是对方，
平淡的婚姻，关心的是自己，
不幸的婚姻，关心的是第三方。

装信

不聪明的老婆，
对老公的话全信或全不信；
聪明的老婆，
对老公的话半信或装着信。

相敬

恩爱夫妻，
相敬如宾；
冤家夫妻，
相遇如兵。

多少

多一点沟通，少一点吵架，
多一点理解，少一点埋怨，
多一点欣赏，少一点挑剔，
多一点鼓励，少一点指责。

爱

如果无法做伟大的事，
就用伟大的爱做小事。

倾听

减少纷争的捷径——学会倾听。

平淡

四季因变化而有真美，
生活因平淡而有真味。

蝴蝶

幸福像一只蝴蝶，
你越追，它越飞，
当你不经意，它却靠近你……

余惕君著作

1985 年　《现代生意经》＿长江文艺出版社，

《现代企业领导》＿山东人民出版社

《广告的学问》＿上海交大出版社

1986 年　《企业经营概论》＿吉林人民出版社

《外国经营术》＿上海交大出版社

《市场调查诀窍》＿上海交大出版社

《新产品开发》＿上海交大出版社

《现代经营领导十题》＿上海交大出版社

《现代销售窍门》＿上海交大出版社

1987 年　《经济发展与环境保护》＿上海交大出版社

《话说技术市场》＿上海交大出版社

1988 年　《承包、租赁、股份制问答》＿上海翻译出版公司

《企业领导经营观》＿安徽人民出版社

《腾飞之路》＿上海交大出版社

1989 年　《实用推销术》＿上海翻译出版公司

1990 年　《搞活大中型企业的目标与对策》＿上海翻译出版公司

《企业内部分配手册》＿上海翻译出版公司

《开拓经营的艺术》＿上海翻译出版公司

1991 年　《外商来华经商必读》＿上海译文出版社

1993年 《国际竞争策略》— 上海远东出版社

1997年 《中国企业发展大趋势》— 上海人民出版社

2000年 《从经验到理性》— 上海科技文献出版社

2004年 《俗世方圆》— 上海文艺出版社

2005年 《大智若“余”》— 江西二十一世纪出版社

2006年 《字藏玄机》— 上海人民出版社

《养生一点通》— 上海中医药大学出版社

2007年 《管理“余”言》— 上海远东出版社

《管理心语》— 香港万里出版机构

2008年 《大道至简》— 上海人民出版社

《字里人生》— 香港万里出版机构

《快乐心经》— 香港万里出版机构

《快乐其实很容易》— 上海人民出版社

2009年 《你可以活得更好》— 安徽科技出版社

《圆满心法》— 香港万里出版机构

《快乐书》— 江西科技出版社

《寻觅一本“正”经》— 上海人民出版社

《凡尘悟道》— 文汇出版社

2010年 《情爱有道》— 文汇出版社

图书在版编目（CIP）数据

情爱有道／余惕君著．－上海：文汇出版社，2010.2
ISBN 978-7-80741-799-6

Ⅰ.情... Ⅱ.余... Ⅲ.爱情－①通俗读物②婚姻－通俗读物
Ⅳ. C913.1-49

中国版本图书馆 CIP 数据核字（2010）第 021294 号

情爱有道

作　　者／余惕君
插　　图／任全翔
责任编辑／闻　之
装帧设计／周夏萍
出版发行／文匯出版社
上海市威海路 755 号（邮政编码 200041）
经　　销／全国新华书店
印刷装订／江苏常熟大宏印刷有限公司
版　　次／2010 年 3 月第 1 版
印　　次／2010 年 3 月第 1 次印刷
开　　本／787 × 960　1/32
字　　数／50 千
印　　张／5.625
印　　数／1-5000
书　　号／ISBN 978-7-80741-799-6
定　　价／18.00元